THE WORDS OF

1·0·0

SCOTS

SONGS

and

BALLADS

Old Favourites-from
'Loch Lomond'
to
'Auld Lang Syne'

BOOK
MARK

Typesetting by Grace O'Halloran

Concept and Design by John Loesberg

Published by
Ossain Publications
14/15 Berners Street, London W1T 3LJ, UK

Exclusive Distributors:
Music Sales Limited
Distribution Centre, Newmarket Road,
Bury St Edmunds, Suffolk IP33 3YB, UK
Music Sales Corporation
257 Park Avenue South, New York, NY100110
United States Of America
Music Sales Pty Limited
120 Rothschild Avenue,
Rosebery, NSW 2018, Australia

Order No. BM9
ISBN 0-946005-86-9
This book © Copyright 1994 Novello & Company Limited,
part of The Music Sales Group.

www.musicsales.com

SKYE BOAT SONG

Chorus:
Speed bonnie boat like a bird on the wing.
Onward, the sailors cry.
Carry the lad that's born to be king
Over the sea to Skye.

Loud the winds howl, loud the waves roar.
Thunderclaps rend the air,
Baffled, our foes stand by the shore,
Follow they will not dare.

Chorus

Though the waves leap, soft shall ye sleep,
Ocean's a royal bed.
Rocked in the deep Flora will keep
Watch by your weary head.

Chorus

Many's the lad fought on that day
Well the claymore could wield
When the night came silently lay
Dead on Culloden's field.

Chorus

Burned are our homes, exile and death
Scatter the loyal men;
Yet, ere the sword cool in the sheath,
Charlie will come again.

Chorus

AMAZING GRACE

Amazing grace how sweet the sound
That saved a wretch like me.
I once was lost hut now I'm found
Was blind but now I see.

Twas grace that taught my heart to fear
And grace my fear relieved.
How precious did that grace appear
The hour I first believed.

Through many dangers, toils and snares.
We have already come.
Twas grace that brought us safe thus far
And grace will lead us home.

When we've been there ten thousand years
Bright shining as the sun.
We've no less days to sing Gods praise
Than when we first begun.

THE AULD SCOTCH SANGS

O sing to me the auld Scotch sangs
I' the braid Scottish tongue.
The sangs my father loved to hear,
The sangs my mither sung,
When she sat beside my cradle,
Or croon'd me on her knee.
And I wadna sleep, she sang sae sweet
The auld Scotch sangs to me.
And I wadna sleep, she sang sae sweet
The auld Scotch sangs to me.

Sing ony o' the auld Scotch sangs,
The blithesome or the sad,
They mak' me smile when I am wae,
And greet when I am glad.
My heart goes back to auld Scotland,
The saut tear dims my e'e,
And the Scotch blood leaps in a' my veins,
As ye sing the sangs to me.
And the Scotch blood leaps in a' my veins,
As ye sing the sangs to me.

Sing on, sing mair o' thae auld sangs,
For ilka ane can tell
O' joy or sorrow i' the past
Where mem'ry lo'es to dwell;
Tho' hair grows grey and limbs grow auld,
Until the day I dee,
I'll bless the Scottish tongue that sings
The auld Scotch sangs to me.
I'll bless the Scottish tongue that sings
The auld Scotch sangs to me.

ANNIE LAURIE

Maxwellton braes are bonnie,
Where early fa's the dew,
And 'twas there that Annie Laurie
Gave me her promise true.
Gave me her promise true,
Which ne'er forgot will be,
And for bonnie Annie Laurie
I'd lay me doun and dee.

Her brow is like the snawdrift,
Her neck is like the swan,
Her face it is the fairest,
That e'er the sun shone on:
That e'er the sun shone on,
And dark blue is her e'e,
And for bonnie Annie Laurie,
I'd lay me doun and dee.

Like dew on the gowan lying,
Is the fa' o' her fairy feet:
And like winds in summer sighing,
Her voice is low and sweet:
Her voice is low and sweet,
She's a' the world to me,
And for bonnie Annie Laurie,
I'd lay me doun and dee.

AE FOND KISS

Ae fond kiss and then we sever
Ae fareweel, alas for ever,
Deep in heart-wrung tears I'll pledge thee,
Warring sighs and groans I'll wage thee.
Had we never lov'd sae kindly,
Had we never lov'd sae blindly,
Never met-or never parted.
We had ne'er been broken-hearted.

I'll ne'er blame my partial fancy,
Naething could resist my Nancy:
But to see her was to love her:
Love but her, and love for ever.
Had we never lov'd sae kindly,
Had we never lov'd sae blindly,
Never met-or never parted.
We had ne'er been broken-hearted.

Fare-thee-weel, thou first and fairest!
Fare-thee-weel, thou best and dearest!
Thine be ilka joy and treasure,
Peace, Enjoyment, Love and Pleasure!
Ae fond kiss, and then we sever!
Ae fareweel, alas, for ever!
Deep in heart-wrung tears I'll pledge thee.
Warring sighs and groans I'll wage thee.

LOCH LOMOND

By yon bonnie banks and by yon bonnie braes,
Where the sun shines bright on Loch Lomond,
Where me and my true love were ever wont to gae
On the bonnie, bonnie banks o' Loch Lomond.

Chorus:
O ye'll tak the high road and I'll tak' the low road
An' I'll be in Scotland afore ye:
But me and my true love will never meet again
On the bonnie, bonnie banks o Loch Lomond.

We'll meet where we parted in yon shady glen,
On the steep, steep side o' Ben Lomond,
Where in purple hue the Hieland hills we view,
And the moon looks out frae the gloamin.

Chorus

O brave Charlie Stuart! dear to the true heart.
Wha could refuse thee protection
Like the weeping birch on the wild hillside,
How graceful he looked in dejection!

Chorus

The wild birdies sing and the wild flowers spring.
An' in sunshine the waters are sleepin;
But the broken heart it kens, nae second spring,
Tho' the waefu' may cease frae their greetin'!

Chorus

THE AULD HOOSE

Oh! the auld hoose, the auld hoose,
What tho' the rooms were wee,
Oh, kind hearts were dwelling there,
And bairnies fu' o' glee.
And wild rose and the jessamine
Still hang upon the wa'
Hoo mony cherished memories
Do they sweet flow'rs reca'.

Oh, the auld laird, the auld laird,
Sae canty, kind and crouse:
How mony did he welcome
To his ain wee dear auld hoose.
And the leddy too, sae genty,
There shelterd Scotland's heir,
And clipt a lock wi' her ain hand
Frae his lang yellow hair

The mavis still doth sweetly sing,
The blue bells sweetly blaw;
The bonnie Earn's clear windin' still,
But the auld hoose is awa'.
The auld hoose, the auld hoose,
Deserted tho' ye be,
There ne'er can be a new hoose
Will seem sae fair to me.

Still flourishin' the auld pear tree.
The bairnies liked to see;
And oh! how aften did they spier
When ripe they a' wad be.
The voices sweet, the wee bit feet,
Aye rinnin' here and there;
The merry shout — oh! whiles we greet
To think we'll hear nae mair!

For they are a' wide scatter'd now.
Some to the Indies gane;
And ane alas! to her lang hame,
Not here we'll meet again.
The kirk yard, the kirk yard,
Wi' flowr's o' every hue;
Shelter'd by the holly's shade,
And the dark sombre yew.

The settin' sun, the settin' sun,
How glorious it gaed doun;
The cloudy splendour raised our hearts
To cloudless skies aboon.
The auld dial, the auld dial,
It tauld how time did pass;
The wintry winds hae dang it doun,
Now hid 'mang weeds and grass.

BONNIE STRATHYRE

There's meadows in Lanark and mountains in Skye.
And pastures in Hielands and Lowlands forbye:
But there's nae greater luck that the heart could desire
Than to herd the fine cattle in Bonnie Strathyre.
O, it's up in the morn and awa' to the hill,
When the lang simmer days are sae warm and sae still,
Till the peak o' Ben Voirlich is girdled wi' fire,
And the evenin' fa's gently on bonnie Strathyre.

Then there's mirth in the sheiling and love in my breast,
When the sun is gane doun and the kye are at rest:
For there's mony a prince wad be proud to aspire
To my winsome wee Maggie, the pride o Strathyre.
Her lips are like rowans in ripe simmer seen.
And mild as the starlight the glint o' her e'en:
Far sweeter her breath than the scent o' the briar,
And her voice is sweet music in bonnie Strathyre.

Set Flora by Colin, and Maggie by me,
And we'll dance to the pipes swellin' loudly and free,
Till the moon in the heavens climbing higher and higher
Bids us sleep on fresh brackens in bonnie Strathyre.
Though some in the touns o' the Lawlands seek fame
And some will gang sodgerin' far from their hame;
Yet I'll aye herd my cattle, and bigg my ain byre.
And love my ain Maggie in bonnie Strathyre.

GRANNY'S HIELAN' HAME

Chorus:
Where the heather bells are blooming
Just outside Granny's door.
Where as laddies there we played in
The days of long ago.
Neath the shadow of Ben Bhragie and
Golspie's loudly stane,
How I wished that I could see my
Granny's Hielan' hame.

Away in the Hielands
There stands a wee hoose
And it stands on the breast of the brae.
Where we played as laddies
Sae long long ago,
And it seems it was just yesterday.

Chorus

I can still see old Granny,
A smile on her face,
As sweet as the heather dew,
When she kissed me good-bye,
Wi' a tear in her eye,
And said 'Laddie may God bless you'.

Chorus

MARY OF ARGYLL

I have heard the mavis singing,
His love song to the morn,
I have seen the dew drop clinging,
To the rose just newly born.
But a sweeter song has cheer'd me,
At the ev'ning's gentle close,
And I've seen an eye still brighter.
Than the dew drop on the rose.
'Twas thy voice, my gentle Mary,
And thine artless winning smile,
That made this world an Eden.
Bonnie Mary of Argyll.

Tho' thy voice may lose its sweetness,
And thine eye its brightness too,
Tho' thy step may lack its fleetness,
And thy hair its sunny hue.
Still to me wilt thou be dearer,
Than all the world shall own,
I have loved thee for thy beauty,
But not for that alone.
I have watched thy heart, dear Mary,
And its goodness was the wile,
That has made thee mine forever.
Bonnie Mary of Argyll.

MY AIN FOLK

Far frae my hame I wander,
But still my thoughts return,
To my ain folk ower yonder,
In the sheiling by the burn.
I see the cosy ingle,
And the mist abune the brae:
And joy and sadness mingle,
As I list some auld-warld lay.
And it's oh! but I'm longing
For my ain folk.
Tho' they be but lowly,
Puir and plain folk.
I am far beyond the sea,
But my heart will ever be
At home in dear auld Scotland,
Wi my ain folk.

O' their absent ane they're telling
The auld folk by the fire:
And I mark the swift tears welling
As the ruddy flame leaps high'r.
How the mither wad caress me,
Were I but by her side:
Now she prays that Heav'n will bless me.
Tho' the stormy seas divide.
And it's oh! but I'm longing
For my ain folk,
Tho' they be but lowly,
Puir and plain folk.
I am far beyond the sea,
But my heart will ever be
At home in dear auld Scotland.
Wi' my ain folk

MY LOVE IS LIKE A RED, RED ROSE

O my love is like a red red rose,
That's newly sprung in June.
O my love is like a melodie
That's sweetly play'd in tune.
As fair art thou, my bonnie lass.
So deep in love am I.
And I will love thee still, my dear.
Till a the seas gang dry.

Till a' the seas gang dry, my dear,
Till a' the seas gang dry.
And I will love thee still, my dear,
Till a' the seas gang dry.

Till a' the seas gang dry, my dear,
And the rocks melt wi' the sun;
And I will love thee still, my dear,
While the sands o' life shall run.
And fare-thee-weel, my only love!
And fare-thee-weel a while!
And I will come again, my love,
Tho' 'twere ten thousand mile.

Tho' 'twere ten thousand mile, my love,
Tho' 'twere ten thousand mile.
And I will come again, my love,
Tho' 'twere ten thousand mile.

SCOTS WHA HAE

Scots, what hae wi' Wallace bled,
Scots wham Bruce has often led,
Welcome to your gorie bed,
Or to Victorie!
Now's the day, and now's the hour;
See the front o' battle lour,
See approach proud Edward's pow'r
Chains and slaverie!

Wha will be a traitor knave?
Wha can fill a coward's grave?
Wha sae base as be a slave?
Let him turn and flee!
Wha, for Scotland's King and Law,
Freedom's sword will strongly draw,
Freeman stand, or Freeman fa',
Let him on wi, me!

By Oppression's woes and pains!
By your sons in servile chains!
We will drain our dearest veins,
But they shall be free!
Lay the proud Usurpers low!
Tyrants fall in every foe!
Liberty's in every blow!
Let us do or die!

THE ROAD TO DUNDEE

Cauld winter was howlin' o'er moor and o'er mountain
And wild was the surge of the dark rolling sea,
When I met about daybreak a bonnie young lassie,
Wha asked me the road and the miles to Dundee.

Says I 'My young lassie, I canna' weel tell ye,
The road and the distance I canna' weel gie,
But if you'll permit me tae gang a wee bittie,
I'll show you the road and the miles to Dundee.'

At once she consented, and gave me her arm,
Ne'er a word I did speir wha the lassie might be:
She appeared like an angel in feature and form,
As she walked by my side on the road to Dundee.

At length wi' the Howe o' Strathmartine behind us,
And the spires o' the toon in full view we could see;
She said, 'Gentle sir, I can never forget ye
For showing me so far on the road to Dundee.

This ring and this purse take to prove I am grateful,
And some simple token I trust ye'll gie me,
And in times to come I'll remember the laddie
That showed me the road and the miles to Dundee.'

I took the gowd pin from the scarf on my bosom,
And said, 'Keep ye this in remembrance o' me',
Then bravely I kissed the sweet lips o' the lassie
Ere I parted wi' her on the road to Dundee.

So here's to the lassie—I ne'er can forget her—
And ilka young laddie that's listening tae me;
And never be sweer to convoy a young lassie,
Though it's only to show her the road to Dundee.

WESTERING HOME

Chorus:
And it's westering home, and a song in the air,
Light in the eye, and it's goodbye to care.
Laughter o' love, and a welcoming there,
Isle of my heart, my own one.

Tell me o' lands o' the Orient gay,
Speak o' the riches and joys o' Cathay:
Eh, but it's grand to be wakin' ilk day
To find yourself nearer to Isla.

Chorus

Where are the folk like the folk o' the west?
Canty and couthy and kindly, the best;
There I would hie me, and there I would rest
At hame wi' my am folk in Isla.

Chorus

SCOTLAND THE BRAVE

Hark when the night is falling
Hear! the pipes are calling,
Loudly and proudly calling,
Down thro' the glen.
There where the hills are sleeping,
Now feel the blood a-leaping.
High as the spirits of the old Highland men.

Chorus:
Towering in gallant fame,
Scotland my mountain hame,
High may your proud standards gloriously wave,
Land of my high endeavour.
Land of the shining river,
Land of my heart forever,
Scotland the brave.

High in the misty Highlands,
Out by the purple islands,
Brave are the hearts that beat
Beneath Scottish skies.
Wild are the winds to meet you,
Staunch are the friends that greet you,
Kind as the love that shines
From fair maidens' eyes.

Chorus

Far off in sunlit places,
Sad are the Scottish faces,
Yearning to feel the kiss
Of sweet Scottish rain.
Where tropic skies are beaming,
Love sets the heart a-dreaming,
Longing and dreaming for the homeland again.

Chorus

YE BANKS AND BRAES

Ye banks and braes o' Bonnie Doon,
How can ye bloom sae fresh and fair?
How can ye chant ye little birds,
And I sae weary, fu' o' care?
Ye'll break my heart, ye warbling birds,
That wanton through the flow'ry thorn,
Ye mind me o' departed joys,
Departed never to return.

Aft hae I rov'd by Bonnie Doon,
To see the rose and woodbine twine:
And ilka bird sang o' its luve,
And fondly sae did I o' mine.
Wi' lightsome heart I pu'd a rose,
Fu' sweet upon its thorny tree!
And my fause luver staw my rose,
But ah! he left the thorn wi' me.

THE ROAD TO THE ISLES

A far croonin' is pullin' me away
As take I wi' my cromak to the road.
The far Coolins are puttin' love on me,
As step I wi' the sunlight for my load.

Chorus:
Sure, by Tummel and Loch Rannoch
And Lochaber I will go,
By heather tracks wi' heaven in their wiles;
If it's thinkin' in your inner heart
Braggart's in my step,
You've never smelt the tangle o' the Isles.
Oh, the far Coolins are puttin' love on me,
As step I wi' my cromak to the Isles.

It's by 'Sheil water the track is to the west,
By Aillort and by Morar to the sea,
The cool cresses I am thinkin' o' for pluck,
And bracken for a wink on Mother's knee.

It's the blue Islands are pullin' me away,
Their laughter puts the leap upon the lame,
The blue Islands from the Skerries to the Lews,
Wi' heather honey taste upon each name.

UIST TRAMPING SONG

Chorus:
Come along, come along,
Let us foot it out together,
Come along, come along,
Be it fair or stormy weather,
With the hills of home before us,
And the purple of the heather,
Let us sing in happy chorus,
Come along, come along.

O gaily sings the lark,
And the sky's all awake,
With the promise of the day
For the road we gladly take;
So it's heel and toe and forward,
Bidding farewell to the town,
For the welcome that awaits us
Ere the sun goes down.

Chorus

It's the call of sea and shore
It's the tang of bog and peat,
And the scent of brier and myrtle
That puts magic in our feet;
So it's on we go rejoicing,
Over bracken, over stile,
And it's soon we will be tramping
Out the last long mile.

Chorus

THE END OF THE ROAD

Ev'ry road through life is a long, long road.
Fill'd with joys and sorrows too,
As you journey on how your heart will yearn
For the things most dear to you.
With wealth and love 'tis so,
But onward we must go.

Chorus:
Keep right on to the end of the road,
Keep right on to the end,
Tho' the way be long, let your heart be strong,
Keep right on round the bend.
Tho' you're tired and weary still journey on,
Till you come to your happy abode,
Where all the love you've been dreaming of
Will be there at the end of the road.

With a big stout heart to a long steep hill,
We may get there with a smile,
With a good kind thought and an end in view,
We may cut short many a mile.
So let courage ev'ry day
Be your guiding star alway.

Chorus

WILL YOU GO, LASSIE, GO?

Oh, the summertime is coming
And the trees are sweetly blooming
And the wild mountain thyme
Grows around the blooming heather,
Will ye go, lassie, go?

Chorus:
And we'll all go together
To pluck wild mountain thyme.
All around the blooming heather,
Will ye go, lassie, go?

I will build my love a tower
Near yon pure crystal fountain,
And on it I will pile
All the flowers of the mountain,
Will ye go, lassie, go?

Chorus

If my true love she were gone,
I would surely find another,
Where wild mountain thyme
Grows around the blooming heather,
Will ye go, lassie, go?

Chorus

THE OLD RUSTIC BRIDGE
BY THE MILL

I'm thinking tonight of the old rustic bridge
That bends o'er the murmuring stream.
Twas there Maggie dear, with our hearts full of cheer,
We strayed 'neath the moon's gentle gleam.
'Twas there I first met you, the light of your eyes,
Awoke in my heart a sweet thrill.
Though now far away, still my thoughts fondly stray,
To the old rustic bridge by the mill.

Chorus:
Beneath it a stream gently rippled.
Around it the birds loved to thrill;
Though now far away still my thoughts fondly stray
To the old rustic bridge by the mill.

How often, dear Maggie, when years passed away,
And we plighted lovers became;
We rambled the path to the bridge, day by day,
The smiles of each other to claim.
But one day we parted in pain and regret,
Our vows then we could not fulfil;
Oh, may we soon meet and our fond love repeat,
On the old rustic bridge by the mill.

Chorus

I keep in my mem'ry the love of the past,
With me 'tis as bright as of old;
For deep in my heart it was planted to last,
In absence it never grows cold.
I think of you darling, when lonely at night,
And when all is peaceful and still;
My heart wanders back in a dream of delight,
To the old rustic bridge by the mill.

Chorus

LEEZIE LINDSAY

Will ye gang into the Hielan's Leezie Lindsay,
Will ye gang into the Hielan's wi' me?
Will ye gang into the Hielan's Leezie Lindsay.
My bride and my darling to be?

To gang to the Hielands wi' you, sir,
I dinna ken how that may be,
For I ken na' the land that ye live in,
Nor ken I the lad I'm gaun wi'.

O Leezie, lass, ye maun ken little
If sae be that ye dinna ken me;
My name Is Lord Ronald MacDonald,
A chieftain o' high degree.

She has kilted her coats o' green satin,
She has kilted them up to the knee:
And she's aff wi' Lord Ronald MacDonald,
His bride and his darling to be.

A SCOTTISH SOLDIER
(THE GREEN HILLS OF TYROL)

There was a soldier, a Scottish soldier,
Who wandered far away and soldiered far away:
There was none bolder, with a good broad shoulder,
He fought in many a fray, and fought and won!
He'd seen the glory and told the story
Of battles glorious, and deeds victorious,
But now he's sighing, his heart is crying
To leave these green hills of Tyrol.

Chorus:
Because these green hills are not Highland hills,
Or the Island hills they're not my land's hills!
And fair as these green foreign hills may be,
They are not the hills of home.

And now this soldier, this Scottish soldier,
Who wander'd far away and soldiered far away,
Sees leaves are falling and death is calling,
And he will fade away, in that far land!
He called his piper, his trusty piper,
And bade him sound a lay, a pibroch sad to play,
Upon a hillside, a Scottish hillside,
Not on these green hills of Tyrol.

Chorus

And so this soldier, this Scottish Soldier,
Will wander far no more and soldier far no more,
And on a hillside, a Scottish Hillside,
You'll see a piper play, his 'Soldier Home'!
He'd seen the glory, he'd told his story,
Of battles glorious, and deeds victorious,
The bugles cease now, he is at peace now,
Far from those green hills of Tyrol.

Chorus

TIBBIE DUNBAR

O, wilt thou go wi' me.
Sweet Tibbie Dunbar?
O, wilt thou go wi' me,
Sweet Tibbie Dunbar?
Wilt thou ride on a horse,
Or be drawn in a car,
Or walk by my side,
O sweet Tibbie Dunbar?

I care na thy daddie,
His lands and his money,
I care na thy kin,
Sae high and sae lordly,
But say thou wilt hae me,
For better for waur –
And come in thy coatie,
Sweet Tibbie Dunbar!

DARK LOCHNAGAR

Away, ye gay landscapes, ye gardens of roses,
In you let the minions of luxury rove,
Restore me the rocks where the snow-flake reposes
Though still they are sacred to freedom and love.
Yet Caledonia, belov'd are thy mountains,
Round their white summits the elements war,
Though cataracts foam 'stead of smooth-flowing fountain
I sigh for the valley of dark Lochnagar.

Ah! there my young footsteps in infancy wander'd,
My cap was the bonnet, my cloak was my plaid.
On chieftains long perish'd my memory ponder'd
As daily I strode thro' the pine cover'd glade.
I sought not my home till the day's dying glory
Gave place to the rays of the bright Polar star,
For fancy was cheer'd by traditional story,
Disclos'd by the natives of dark Lochnagar!

Years have roll'd on, Lochnagar, since I left you!
Years must elapse ere I tread you again.
Though nature of verdure and flow'rs has bereft you,
Yet still are you dearer than Albion's plain.
England, thy beauties are tame and domestic
To one who has roamed over mountains afar
Oh! for the crags that are wild and majestic,
The steep frowning glories of dark Lochnagar.

Chorus:
Brave Caledonia dear are thy mountains
I sigh for the valley o' dark Lochnagar.

Ill starred now the brave did no vision foreboding
Tell you that fate had forsaken our cause
Yet were you destined to die at Culloden
Though victory crowned not your fall with applause.
Yet were you happy in death's earthy slumbers
Tae sleep wi' your clan in the caves o' Braemar
The pibroch resounds tae the pipers loud numbers
Your deeds to the echoes o' dark Lochnagar.
Your deeds to the echoes o' dark Lochnagar.

Chorus

MY DONALD

My Donald he works on the sea,
Wi' the wind blowin' wild an' free.
He splices the ropes and he sets the sails,
Then he is awa' to the hame o' the whale.

He ne'er thinks o' me far behind
Or the torments that rage in my mind.
He's mine for only half part o' the year,
Then I'm left alane wi' nocht but a tear.

Ye ladies wha smell o' wild rose
Think ye for your perfume to whaur a man goes.
Think ye o' the wives an' the bairnies wha yearn
For a man ne'er returned frae huntin' the sperm.

Repeat first verse

BONNIE GLEN SHEE

Oh, do you see yon shepherds,
As they walk along,
Wi' their plaidies pu'd aboot them,
And their sheep they graze on?

Chorus:
Busk, busk, bonnie lassie
And come alang wi' me,
An' I'll tak' ye tae Glenisla,
Near bonnie Glen Shee.

Oh, do you see yon soldiers
As they all march along,
Wi' their guns on their shoulders
And their broadswords hanging down?

Chorus

Oh, do you see yon high hills
All covered wi' snow?
They hae parted many a true love
And they'll soon part us twa.

Chorus

LOCH TAY BOAT SONG

When I've done my work of day,
And I row my boat away,
Doon the waters o' Loch Tay,
As the evening light is fading,
And I look upon Ben Lawers,
Where the after glory glows,
And I think on two bright eyes
And the melting mouth below.
She's my beauteous nighean ruadh,
My joy and sorrow too,
And although she is untrue,
Well, I cannot live without her.
For my heart's a boat in tow,
And I'd give the world to know
Why she means to let me go,
As I sing ho-ree, ho-ro.

Nighean ruadh your lovely hair,
Has more glamour I declare,
Than all the tresses rare,
'Tween Killin and Aberfeldy.
Be they lint white, brown or gold,
Be they blacker than the sloe,
They are worth no more to me.
Than the melting flake o' snow.
Her eyes are like the gleam,
O' the sunlight on the stream,
And the song the fairies sing,
Seems like songs she sings at milking.
But my heart is full of woe,
For last night she bade me go,
And the tears begin to flow,
As I sing ho-ree, ho-ro.

KILLIECRANKIE

Whaur hae ye been sae braw, lad!
Whaur hae ye been sae brankie, O!
Whaur hae ye been sae braw, lad,
Cam ye by Killiecrankie. O!

Chorus:
An' ye had been whaur I hae been
Ye wad na been sae cantie, O,
An' ye had seen what I had seen,
On the braes o' Killiecrankie, O.

I fought at land, I fought at sea,
At hame I fought my auntie, O;
But I met the devil and Dundee
On the braes o' Killiecrankie, O.

Chorus

The bauld Pitcur fell in a furr,
And Clavers gat a clankie, O,
Or I had fed an Athol gled
On the braes o' Killiecrankie, O.

Chorus

Oh, fie, Mackay! what gart ye lie
In the bush ayont the brankie, O:
Ye'd better kiss'd King Willie's loof,
Than come to Killiecrankie, O.

Final Chorus:
It's nae shame, it's nae shame,
It's nae shame tae shank ye, O:
There's sour slaes on Athol braes,
And deils at Killiecrankie, O.

KATIE BAIRDIE

Katie Bairdie had a coo,
Black an' white aboot the mou',
Wisna that a dainty coo? -
Dance, Katie Bairdie.

Katie Bairdie had a cat,
She could catch baith moose and rat;
Wisna that a dainty cat? -
Dance, Katie Bairdie.

Katie Bairdie had a hen,
She could lay both but an' ben;
Wisna that a dainty hen? -
Dance, Katie Bairdie.

Katie Bairdie had a wean,
Widna play when it cam' on rain;
Wisna that a dainty wean? -
Dance. Katie Bairdie.

FLOWER OF SCOTLAND

O flower of Scotland
When will we see
Your like again.
That fought and died for
Your wee bit hill and glen.

And stood against him
Proud Edwards army,
And sent him homeward
Tae think again.

The hills are bare now
And autumn leaves lie thick and still
O'er land that is lost now
Which those so dearly held.

That stood against him
Proud Edward's army,
And sent him homeward
Tae think again.

Those days are passed now
And in the past - they must remain.
But we can still rise now
And be the nation again.

That stood against him
Proud Edward's army,
And sent him homeward
Tae think again.

Repeat first and seond verses

composer- Roy M.B. Williamson
©The Corries (Music) Ltd

MINGULAY BOAT SONG

Chorus:
Hill you ho, boys; let her go, boys;
Bring her round, now all together.
Hill you ho, boys; let her go boys,
Sailing home, home to Mingulay.

What care we though white the Minch is?
What care we for wind or weather?
Let her go boys! ev'ry inch is
Wearing home, home to Mingulay.

Chorus

Wives are waiting on the bank, or
Looking seaward from the heather;
Pull her round boys! and we'll anchor.
'Ere the sun sets at Mingulay.

Chorus

DUMBARTON'S DRUMS

Chorus:
Dumbarton drums they sound sae bonnie,
When they remind me o' my Johnnie,
Such fond delight can steal upon me,
When Johnnie kneels and sings to me.

Across the fields o' boundin' heather
Dumbarton tolls the hour of pleasure
A song of love that's without measure
When Johnnie sings his sangs tae me.

Chorus

Tis he alone that can delight me
His rovin' eye, it doth invite me,
And when his tender arms enfold me
The blackest night doth turn and flee.

Chorus

My Johnnie is a handsome laddie
And though he is Dumbarton's caddie,
Some day I'll be a captain's lady
When Johnnie tends his vows tae me.

Chorus

THE WILD ROVER

I've been a wild rover for many a year
And I've spent all my money on whisky and beer
But now I'm returning with gold in great store
And I swear I will play the wild rover no more.

Chorus:
And it's no, nay, never
No, nay never no more
Will I play the wild rover
No never no more.

I went into an ale-house I used to frequent
And I told the landlady my money was spent.
I asked her for credit she answered me 'Nay
Such custom as yours I can get every day.'

Chorus

I took from my pocket a handful of gold
And on the round table it glittered and rolled.
I asked her for whisky and beer of the best.
What I told you before, it was only in jest.'

Chorus

I'll go back to my parents, confess what I've done
And I'll ask them to pardon their prodigal son.
And when they forgive me as oft times before
Then I swear I will play the wild rover no more.

Chorus

PEGGY GORDON

Oh, Peggy Gordon, you are my darling
Come sit ye doon upon my knee
And tell tae me the very reason
Why I am slighted so by thee.

I am in love I cannot deny it
My heart lies troubled in my breast
It's not for me to let the world know it
A troubled heart can find no rest.

I put my head tae a cask o' brandy
It was my fancy so to do
For when I'm drinking I'm seldom thinking
And wishing Peggy Gordon was here.

I wish I was away in Ingol
Far across the briny sea
Sailing over the deepest ocean
Where love and care ne'er bother me.

I wish I was in a lonely valley
Where womenkind cannot be found
Where all the small birds they change their voices
And every moment a different sound.

THE FLOWERS OF THE FOREST

I've heard the lilting, at our yowe-milking,
Lasses a-lilting, before the dawn o' day;
But now they are moaning, on ilka green loaning:
The Flowers o' the Forest are a' wede away.

At buchts in the morning, nae blythe lads are scorning
The lasses are lonely, and dowie, and wae;
Nae daffin', nae gabbin', but sighing and sabbing,
Ilk ane lifts her leglen and hies away.

In hairst, at the shearing, nae youths now are jeering
The bandsters are lyart, and runkled and grey
At fair, or at preaching, nae wooing, nae fleeching —
The Flowers o' the Forest are a' wede away.

At e'en, at the gloaming, nae swankies are roaming
'Bout stacks wi' the lasses at bogle to play;
But ilk ane sits drearie, lamenting her dearie
The Flowers o' the Forest are a' wede away.

Dule and wae to the order, sent our lads to the border
The English, for aince, by guile wan the day:
The Flowers o' the Forest, that foucht aye the foremost
The pride o' our land, are cauld in the clay.

We hear nae mair lilting at our yowe-milking,
Women and bairns are heartless and wae;
Sighing and moaning on ilka green loaning
The Flowers o' the Forest are a' wede away.

BONNIE DUNDEE

Tae the Lords o' Convention
'Twas Claverhouse spoke
E'er the King's crown go down
There are crowns to be broke
So each cavalier
Who loves honour and me
Let him follow the bonnets
O' Bonnie Dundee.

Chorus:
Come fill up my cup,
Come fill up my can
Come saddle my horses
And call out my men
Unhook the West Port
And let us gae free
For it's up with the bonnets
O' Bonnie Dundee.

Dundee he is mounted,
He rides up the street,
The bells they ring backward,
The drums they are beat;
But the provost (douce man) said:
'Just e'en let it be,
For the toun is weel rid
O' that deil o' Dundee.'

Chorus

There are hills beyond Pentland,
And lands beyond Forth,
Be there lords in the south,
There are chiefs in the north;
There are brave Duinnewassals
Three thousand times three,
Will cry: 'Hey, for the bonnets
O' Bonnie Dundee.'

Chorus

Then awa' to the hills,
To the lea, to the rocks,
Ere I own a usurper
I'll crouch with the fox;
And tremble, false Whigs,
In the midst o' your glee,
Ye hae no seen the last
O' my bonnets and me.

Chorus

MORMOND BRAES

As I gaed doon by Strichen toon,
I heard a fair maid mournin',
And she was makin' sair complaint
For her true love ne'er returnin'.

Chorus:

22

Sae fare ye weel, ye Mormond Braes,
Where aft-times I've been cheery;
Fare ye weel, ye Mormond Braes,
For it's there I've lost my deane.

There's as guid fish intae the sea
As ever yet was taken,
So I'll cast my net and try again
For I'm only aince forsaken.

Chorus

There's mony a horse has snappert an' fa'n
An' risen again fu' rarely,
There's mony a lass has lost her lad
An' gotten anither richt early.

Chorus

Sae I'll put on my goon o' green,
It's a forsaken token,
An' that will let the young lads ken
That the bonds o' love are broken.

Chorus

Sae I'll gyang back tae Strichen toon,
Whaur I was bred an' born,
An' there I'll get anither sweetheart,
Will marry me the morn.

Chorus

LEWIS BRIDAL SONG (MAIRI'S WEDDING)

Chorus:
Step we gaily, on we go,
Heel for heel and toe for toe,
Arm in arm and row on row,
All for Mairi's wedding.

Over hill-ways up and down,
Myrtle green and bracken brown,
Past the sheilings, thro' the town,
All for sake o' Mairi.

Chorus

Red her cheeks as rowans are,
Bright her eye as any star,
Fairest o' them a' by far
Is our darling Mairi.

Chorus

Plenty herring, plenty meal,
Plenty peat to fill her creel,
Plenty bonny bairns as weel:
That's the toast for Mairi.

Chorus

© Roberton Publications. Aylesbury. Bucks.

COULTER'S CANDY

Chorus:
Ally bally, ally bally bee,
Sittin' on yer mammy's knee,
Greetin' for anither bawbee,
Tae buy some Coulter's Candy.

Here's auld Coulter comin' roon'
Wi' a basket on his croon
So here's a penny, noo ye rin doon
And buy some Coulter's candy.

Chorus

Ally bally, ally bally bee,
When ye grow up ye'll gang tae sea
Makin' pennies for your daddie and me
Tae buy some Coulter's candy.

Chorus

Oor wee Annie's greetin' tae,
So whit can puir auld mammy dae?
But gie them a penny atween them twae
Tae buy some Coulter's Candy.

Chorus

Puir wee Jeannie she's lookin' affa' thin
A rickle o' banes covered ower wi' skin
Noo she's gettin' a wee double chin
Wi' sookin' Coulter's candy.

Chorus

SOUND THE PIBROCH

Sound the pibroch loud on high
Frae John o' Groats tae Isle o' Skye,
Let ev'ry clan their slogan cry,
Rise and follow Chairlie.

Chorus:
Hatcheen foam, foam, foam,
Hatcheen foam, foam, foam,
Hatcheen foam, foam, foam,
Rise and follow Chairlie.

From every hill and every glen,
Are gathering fast the loyal men,
They grasp their dirks and shout again.
Hurrah for Royal Chairlie.

Chorus

On dark Culloden's field of gore,
Hark they shout 'Claymore, Claymore,
They bravely fight what can they more.'
Than die for Royal Chairlie.

Chorus

Now on the barren heath they lie,
Their Funeral Dirge the eagle's cry,
And mountain breezes o'er them sigh,
Wha' fought and died for Chairlie.

Chorus

No more we'll see such deeds again,
Deserted is each highland glen,
And ye lonely cairns are o'er the men,
Wha' fought and died for Chairlie.

Chorus

JOHNNIE COPE

Cope sent a letter frae Dunbar-
'Charlie, meet me an' ye daur,
And I'll learn you the art o' war,
If you'll meet me in the mornin'.

Chorus:
Hey Johnnie Cope, are ye waukin' yet?
Or are your drums a-beating yet?
If ye were waukin' I wad wait
To gang to the coals i' the mornin'.

When Charlie look'd the letter upon,
He drew his sword the scabbard from;
'Come follow me, my merry men,
An' we'll meet Johnnie Cope in the mornin.'

Chorus

'Now Johnnie be as guid's your word,
Come let us try baith fire an' sword,
An' dinna flee like a frichtet bird,
That's chas'd frae its nest in the mornin.'

Chorus

When Johnnie Cope he heard o' this,
He thocht it wadna be amiss
To hae a horse in readiness
To flee awa in the mornin.'

Chorus

'Fie, Johnnie, noo get up and rin,
The Highland bagpipes mak a din,
It's best to sleep in a hale skin,
For 'twill be a bloody mornin.'

Chorus

When Johnnie Cope to Berwick came,
They spier'd at him 'Where's a' your men?'
The deil confound me gin I ken,
For I left them a' in the mornin.'

Chorus

TRAMPS AND HAWKERS

Come a' ye tramps and hawkers
An' gatherers a-blaw,
That tramps the country roon' and roon'
Come listen ane and a'.
I'll tell to you a rovin' tale
O' sights that I hae seen,
Far up intae the snowy North
And South by Gretna Green.

I hae seen the high Ben Nevis
Away towerin' tae the moon,
I've been by Crieff and Callander
An' roon' by Bonnie Doon.
An' by the Nithy's silvery tides
An' places ill tae ken,
Far up intae the snowy North
Lies Urquhart's bonnie glen.

Oft times I've laughed untae mysel'
When trudgin' on the road,
Wi' a bag-a-blaw upon ma back,
Ma face as broon's a toad.
Wi' lumps o' cakes an' tattie scones
An' cheese an' braxy ham,
Nae thinkin' whaur I'm comin' frae
Nor whaur I'm gaun tae gang.

But I'm happy in the summer time
Beneath the bricht blue sky,
Nae thinkin' in the morning
Where at nicht whaur I'd tae lie.
In barn or byre or anywhere
Dossin' oot among the hay,
An' if the weather does permit
I'm happy every day.

O Loch Katrine and Loch Lomond
It's a' been seen by me,
The Dee, the Don, the Deveron
That hurries tae the sea.
Dunrobin Castle by the way
I nearly hae forgot,
An aye the rickles o' cairn
Marks the hoose o' John o' Groats.

I'm often roon' by Gallowa'
Or doon aboot Stranraer,
My business leads me anywhere
Sure I've travelled near and far.
I've got the rovin' notion
There's naething what I loss.
In a' ma days ma daily fare
An' what'll pay ma doss.

But I think I'll go tae Paddy's land
I'm makin' up my mind,
For Scotland's greatly altered noo
An' I canna raise the wynd.
But I will trust in Providence
If Providence would prove true,
An' I will sing o' Erin's Isle
When I come back tae you.

THE BONNIE EARL O' MORAY

Ye hielands and ye lawlands,
O where hae ye been?
They hae slain the Earl o' Moray,
And laid him on the green.
He was a braw gallant,
And he rade at the ring,
And the bonnie Earl o' Moray,
He might hae been a king.
Oh! Lang will his ladye
Look frae the Castle Doune
Ere she sees the Earl o' Moray
Come soundin' through the toun.

Oh! Wae betide ye, Huntly,
And wherefore did ye sae?
I bade ye bring him wi' you,
And forbad' ye him to slay.
He was a braw gallant,
And he played at the glove;
And the bonnie Earl o' Moray,
He was the Queen's love.
Oh! Lang.. etc.

CALLER HERRIN'

Chorus:
Wha'll buy my caller herrin'?
They're bonnie fish and halesome farin';
Wha'll buy my caller herrin'?
New drawn frae the Forth.

When ye were sleepin' on your pillows,
Dream'd ye aught o' oor puir fellows,
Darkling as they faced the billows,
A' to fill our woven willows.
Buy my caller herrin',
They're bonnie fish and halesome farin';
Buy my caller herrin',
New drawn frae the Forth.

Chorus

An' when the creel o' herrin' passes,
Ladies clad in silks and laces,
Gather in their braw pelisses,
Toss their heads and screw their faces.
Buy my caller herrin',
They're bonnie fish and halesome farin';
Buy my caller herrin',
New drawn frae the Forth.

Chorus

Noo neebour' wives come tent my tellin'.
When the bonnie fish ye're sellin',
At a word be aye your dealin',
Truth will stand when a' things failin'.
Buy my caller herrin',
They're bonnie fish and halesome farm':
Buy my caller herrin',
New drawn frae the Forth.

Chorus

CHARLIE IS MY DARLING

Chorus:
Oh! Charlie is my darling,
My darling, my darling,
Oh! Charlie is my darling,
The young Chevalier.

Twas on a Monday morning,
Right early in the year,
When Charlie came to our town,
The young Chevalier.

Chorus

As he cam' marching up the street,
The pipes played loud and clear,
And a' the folks cam' rinnin' out,
To meet the Chevalier.

Chorus

Wi' Highland bonnets on their heads,
And claymores bright and clear,
They cam' to fight for Scotland's right,
And the young Chevalier.

Chorus

They've left their bonnie Hieland hills,
Their wives and bairnies dear,
To draw the sword for Scotland's lord,
The gay Chevalier.

Chorus

Oh, there were mony beating hearts,
And mony hope and fear;
And mony were the pray'rs put up
For the young Chevalier.

Chorus

THE WEE COOPER O' FIFE

There was a wee cooper wha lived in Fife,
Nickety, nackety, noo, noo, noo,
And he has gotten a gentle wife,
Hey willy wallachy, how John Dougal
Alane quo rushety, roo, roo, roo.

She wadna bake and she wadna brew,
Nickety etc.
For the spoiling o' her comely hue,
Hey etc.

She wadna card and she wadna spin,
Nickety etc.
For the shaming o' her gentle kin,
Hey etc.

The cooper's awa to his woo' pack
Nickety etc.
And he's laid a sheepskin on his wife's back
Hey etc.

'I'll no trash you for your proud kin
Nickety etc.
But I will thrash my am sheepskin.'
Hey etc.

'O I will bake and I will brew:
Nickety etc.
And never think mair o' my comely hue.'
Hey etc.

'O I will card and I will spin:
Nickety etc.
And never think mair o' my gentle kin.'
Hey etc.

A' ye wha hae gotten a gentle wife
Nickety etc.
Just send ye for the wee cooper o' Fife.
Hey etc.

FLOW GENTLY SWEET AFTON

Flow gently, sweet Afton, amang thy green braes,
Flow gently, I'll sing thee a song in thy praise;
My Mary's asleep by thy murmuring stream,
Flow gently, sweet Afton, disturb not her dream.

Thou stock dove whose echo resounds thro' the glen,
Ye wild whistling blackbirds in yon thorny den,
Thou green crested lapwing, thy screaming forbear,
I charge you, disturb not my slumbering Fair.

How lofty, sweet Afton, thy neighbouring hills,
Far mark'd with the courses of clear winding rills,
There daily I wander as noon rises high,
My flocks and my Mary's sweet cot in my eye.

How pleasant thy banks and green valleys below,
Where, wild in the woodlands, the primroses blow:
There oft, as mild ev'ning weeps over the lea,
The sweet-scented birk shades my Mary and me.

Thy crystal stream, Afton, how lovely it glides,
And winds by the cot where my Mary resides:
How wanton thy waters her snowy feet lave,
As, gathering sweets flowerets, she stems thy
   clear wave.

Flow gently, sweet Afton, amang thy green braes,
Flow gently, sweet river, the theme of my lays:
My Mary's asleep by thy murmuring stream,
Flow gently. sweet Afton, disturb not her dream.

THE BARON O' BRACKLEY

Doon Deeside cam' Inverey, whistlin' an' playin'
An' he was at Brackley's yetts as the day was dawin'
Says 'Baron o' Brackley, Oh are ye within?
There are shairp swords doon at your yetts will gar
  your bleed spin.'

'Oh rise up my baron and turn back your kye,
For the lads frae Dumwharran are driving them by.'
'Oh how can I rise up or turn them again
For whaur I hae ae man, I'm sure they hae ten.'

'Gin I had a husband, as I wat I hae nane,
He widna lie in his bed, an' watch his kye ta'en.'
Then up got the Baron, says 'Gie me my gun,
For I will gyang oot, love, tho' I'll never win hame.'

When Brackley was buskit an' rade ower the closs,
A gallanter baron ne'er lap tae a horse;
'Come kiss me my Peggy, nor think I'm tae blame,
I weel may gae oot love, but I'll never win hame.'

There cam' wi' fause Inverey thirty an' three,
There was nane wi' bonny Brackley but his brother
  and he.
Twa gallanter Gordons did never sword draw;
But against three an' thirty, wae is me, what is twa?

Wi' swords an' wi' daggers they did him surroun
And they've pierced bonny Brackley wi' mony's
  the woun'.
Frae the heid o' the Dee tae the banks o' the Spey,
The Gordons shall mourn him an' ban Inverey.

'Oh cam' ye by Brackley's yetts, or was ye in there,
Or saw ye his Peggy a-rivin' her hair?'
'Oh I cam by Brackley's yetts, an' I was in there,
An' I saw his Peggy — she was makin' gude cheer.'

BONNIE GEORGE CAMPBELL

High upon hielands and laigh upon Tay,
Bonnie George Campbell rade out on a day:
Wi' saddle and bridle sae gallant rade he,
Hame cam' his guid horse but never cam' he.

Doun cam' his mither dear, greetin' fu' sair;
And out cam' his bonnie wife rivin' her hair;
'My meadows lie green, and my corn is unshorn,
My barn is to bigg, and I'm left a' forlorn!'

'Saddled and booted and bridled rade he,
A plume in his helmet, a sword at his knee;
But toom cam' the saddle a' bluidy to see,
Oh, hame cam' his guid horse, but never cam' he!'

DAINTY DAVIE

It was in and through the window broads.
And a' the tirlie wirlies o't.
The sweetest kiss that e'er I got
Was from my dainty Davie.

Chorus:
Oh, leeze me on your curly pow,
Dainty Davie, Dainty Davie,
Leeze me on your curly pow
My ain dear Dainty Davie.

It was doon amang my daddy's pease,
And underneath the cherry trees—
Oh, there he kist me as he pleased,
For he was my ain dear Davie.

Chorus

When he was chased by a dragoon,
Into my bed he was laid doon,
I thocht him worthy o' his room,
For he's aye my dainty Davie.

Chorus

YE CANNA SHOVE
YER GRANNY AFF A BUS

O ye canna shove yer Granny aff a bus,
O ye canna shove yer Granny aff a bus
O ye canna shove yer Granny
'Cos she's yer Mammy's Mammy
O ye canna shove yer Granny aff a bus.

Ye can shove yer ither Granny aff a bus
Ye can shove yer ither Granny aff a bus
Ye can shove yer ither Granny
'Cos she's yer Faither's Mammy
Ye can shove yer ither Granny aff a bus.

Ye can shove yer Uncle Wullie aff a bus
Ye can shove yer Uncle Wullie aff a bus
Uncle Wullie's like yer Faither
A harum-scarum blether
Ye can shove yer Uncle Wullie aff a bus.

Ye can shove yer Auntie Maggie aff a bus
Ye can shove yer Auntie Maggie aff a bus
Auntie Meg's yer Faither's sister
She's naethin' but a twister
Ye can shove yer Auntie Maggie aff a bus

But ye canna shove yer Granny aff a bus
O ye canna shove yer Granny aff a bus
O ye canna shove yer Granny
'Cos she's yer Mammy's Mammy
O ye canna shove yer Granny aff a bus.

THE CALTON WEAVER

I'm a weaver, a Calton weaver,
I'm rash and a roving blade,
I've got silver in my pockets,
I'll go and follow the roving trade.

Chorus:
Oh. whisky, whisky, Nancy whisky,
Whisky, whisky, Nancy, oh!

As I cam' in by Glesca city,
Nancy Whisky I chanced to smell,
So I gaed in, sat doon beside her,
Seven lang years since I lo'ed her well.

Chorus

The mair I kissed her, the mair I lo'ed her,
The mair I kissed her, the mair she smiled,
Soon I forgot my mither's teaching,
Nancy soon had me beguiled.

Chorus

I woke up early in the morning,
To slake my drouth it was my need;
I tried to rise but I wasna able,
For Nancy had me by the heid.

Chorus

Tell me landlady, whit's the lawin'?
Tell me whit there is to pay.
'Fifteen shillings is the reckoning,
Pay me quickly and go away.'

Chorus

As I went oot by Glesca city
Nancy Whisky I chanced to smell:
I gaed in, drank four and sixpence
A' 'twas left was a crooked scale.

Chorus

I'll gang back to the Calton weaving
I'll surely mak' the shuttles fly
For I'll mak' mair at the Calton weaving
Than ever I did in a roving way.

Chorus

Come all ye weavers, Calton weavers,
A' ye weavers, where e'er ye be;
Beware of whisky, Nancy whisky,
She'll ruin you as she ruined me.

Chorus

AULD MAID IN A GARRET

Noo I've aft times heard it said
By my faither an' my mither,
That tae gang tae a waddin'
Is the makins o' anither.
If this be true,
Then I'll gang wi'oot a biddin'.
O kind Providence
Won't you send me tae a waddin'.

Chorus:
For its Oh, dear me! whit will I dae,
If I dee an auld maid in a garret'?

Noo there's ma sister, Jean,
She's no handsome or good-lookin',
Scarcely sixteen
An' a fellow she was coortin'.
Noo she's twenty-four
Wi' a son an' a dochter,
An' I'm forty-twa
An' I've never had an offer.

Chorus

I can cook an' I can sew,
I can keep the hoose right tidy,
Rise up in the morning
And get the breakfast ready.
But there's naething in this wide world
Would mak' me half sae cheery,
As a wee fat man
That would ca' me his ain dearie.

Chorus

Oh, come tinker, come tailor,
Come soldier or come sailor,
Come ony man at a'
That would tak me fae my faither.
Come rich man, come poor man,
Come wise man or come witty,
Come ony man at a'
That would mairry me for pity.

Chorus

Oh, I'll awa hame
Fur there's naebody heedin',
Naebody heedin'
Tae puir Annie's pleadin'.
I'll awa hame
Tae my am wee bit garret—
If I canna get a man
Then I'll shairly get a parrot.

Chorus

DONAL' DON

Wha hasna heard o' Donal' Don?
Wi' a' his tanterwallops on,
For Oh! he was a lazy drone,
An' smuggled Hielan' whisky.

Chorus:
Hi-rum-ho for Donal' Don,
Wi' a' his tanterwallops on,
And may he never lack a scone
While he maks Hielan' whisky.

When first he cam' tae auld Dundee
'Twas in a smeeky hole lived he;
Where gauger bodies couldna see.
He played the king a pliskie.

Chorus

When he was young an' in his prime,
He bed a bonny lassie fine;
She jilted him an' aye sin' syne
He's dismal, dull and dusky.

Chorus

A bunch o' rags is a' his braws,
His heathery wig wad fricht the craws;
His dusky face and clorty paws.
Wad fyle the bay o' Biscay.

Chorus

He has a sark, he has but ane,
It's fairly worn tae skin an' bane,
A-loupin', like tae rin its lane
Wi' troopers bauld and frisky.

Chorus

Whene'er his sark's laid out tae dry
It's Donald in his bed maun lie,
An' wait till a' the troopers die,
Ere he gangs oot wi' whisky.

Chorus

So here's a health tae Donal' Don.
Wi' a' his tanterwallops on,
An' may he never lack a scone
While he mak's Hieland whisky.

Chorus

THE FOUR MARIES

Last night there were four Maries.
Tonight there'll be but three.
There was Mary Seaton and Mary Beaton
And Mary Carmichael and me.

Oh, often hae I dress'd my Queen.
And put on her braw silk gown.
But all the thanks I've got tonight
Is to be hanged in Edinburgh Town.

Full often hae I dress'd my Queen,
An' put gowd in her hair.
But noo I've gotten for my reward
The gallows to be my share

Oh. little did my mither ken.
The day she cradled me,
The land I was to travel in,
The death I was to dee.

Oh, happy, happy is the maid
That's born o' beauty free:
It was my dimplin rosy cheeks
That's been the dule o' me.

They'll tie a kerchief around my eyes,
That I may not see to dee.
And they'll never tell my father or mother
But that I'm across the sea.

Repeat first verse

'M-HM!'

When I was a laddie lang syne at the schule.
The maister cad me a dunce and a feul.
For a' that he said I could neer understand,
Save when he cried 'Jamie! haud oot yer hand.'
Then I gloom'd and said 'M-hm'. I glunch'd and said
   'M-hm',
I wasna' that proud, but owre dour to say 'Aye'.

A'e day a queer word as lang nebbit's himsel',
He vowed he would thrash me if I wadna spell.
Quo' I, 'Mr Quill.' wi a kind o' a swither.
'I'll spell the word if yell spell me anither.
Let's hear ye spell 'M hm!', that common word 'M-hm'
That auld Scots word 'M-hm', ye ken it means 'Aye'

Ye've heard o' the de'il as he wauchled thro' Leith,
A wife in ilk oxter an' ane in his teeth.
When someane cried oot, 'Will ye hae mine the morn;
He wagged his auld tail an' he cockit his horn.
But he only said 'M-hm'. that usefu' word 'M-hm',
Wi' sic a big mouthfu', he couldna say 'Aye'.

And when a brisk wooer, I courted my Jean,
O' Avon's braw lasses the pride and the queen
When 'neath my grey plaidie wi' heart beatin fain.
I spiered in a whisper if she'd he my ain.
She blushed and said 'M-hm'. she smiled and said
   'M-hm'.
A thousand times sweeter and dearer than 'Aye'

WILL YE NO COME BACK AGAIN?

Bonnie Charlie's noo awa',
Safely ower the friendly main.
Mony a he'rt will break in twa,
Should he ne'er come back again.

Chorus:
Will ye no' come back again?
Will ye no' come back again?
Better lo'ed ye canna be,
Will ye no' come back again?

Ye trusted in your Hieland men,
They trusted you, dear Charlie!
They kent your hiding in the glen,
Death and exile braving.

Chorus

English bribes were a' in vain,
Tho' puir and puirer we maun be;
Siller canna buy the heart
That aye beats warm for thine and thee.

Chorus

We watch'd thee in the gloamin' hour,
We watch'd thee in the mornin' grey;
Tho' thirty thousand pounds they gie,
Oh, there is nane that wad betray!

Chorus

Sweet's the laverock's note, and land,
Liltin' wildly up the glen;
But aye to me he sings ae sang—
'Will ye no come back again?'
Will ye no come back again?

Chorus

DANCE TO YOUR DADDIE

Dance to your daddie, my bonnie laddie,
Dance to your daddie, my bonnie lamb!
And ye'll get a fishie, in a little dishie,
Ye will get a fishie, when the boat comes hame.

Dance to your daddie, my bonnie laddie,
Dance to your daddie, my bonnie lamb!

Dance to your daddie, my bonnie laddie,
Dance to your daddie, my bonnie lamb!
And yell get a coatie, and a pair o' breekies,
Ye will get a whippie, and some bread and jam.

Repeat first verse

MAC PHERSON'S FAREWEEL

Fareweel ye dungeons dark and strong,
Fareweel, fareweel to thee.
MacPherson's time will no' be long
On yonder gallows tree.

Chorus:
Sae rantinly, sae wantonly, sae dauntinly gaed he,
He played a tune and danced it roon'
Ablow the gallows tree.

It was by a woman's treacherous hand
That I was condemned to dee.
Below a ledge at a window she stood,
And a blanket she threw o'er me.

Chorus

The laird o' Grant, that Highland sant.
That first laid hands on me,
He played the cause on Peter Broon
To let MacPherson die.

Chorus

Untie these bands from off my hands
And gie to me my sword
An' there's no a man in all Scotland
But I'll brave him at a word.

Chorus

There's some come here to see me hanged.
And some to buy my fiddle
But before that I do part wi' her
I'll brak her thro' the middle.

Chorus

He took the fiddle into baith o' his hands,
And he broke it ower a stone.
Says: There's nae ither hand shall play on thee
When I am dead and gone.'

Chorus

O little did my mother think,
When first she cradled me
That I would turn a rovin' boy
And die on the gallows tree.

Chorus

The reprieve was comin' ower the brig o' Banff
To let MacPherson free:
But they pit the clock a quarter afore
And hanged him to the tree.

Chorus

THE GYPSY LADDIE

Three gypsies cam' tae oor ha' door,
An' O! but they sang bonnie, O,
They sang sae sweet and sae complete,
That they stole the heart of a lady, O.

Lord Castles' lady came down the stair
And all her maidens behind her O,
She had a bottle of the red wine in her hand
For to treat all the gypsy laddies wi' O.

She's treated them a' wi' a bottle of red wine
Likewise with a little ginger O,
Till one of them stepped up by her side
Stole the gold ring from off her finger O.

'It's you'll cast off your bonny silken dress
Put on my tartan plaidie O,
And you' awa the lee lang day
For to follow the gypsy laddie O'.

She's casten off her bonny silken dress
Putten on his tartan plaidie,
And she's awa' the lee lang day
For to follow the gypsy laddie O.

Lord Castles he came home at night
Inquiring for his lady,
The one denied, and the other replied
She's awa' wi' the gypsy laddies O.

Make haste, make haste my milk-white steed
Make haste and soon be ready,
For I will neither eat no drink
Or I get back my lady O.

They've rode east and they've rode west
Until they cam to yonder boggy,
And there they spied the pretty girl
Wi' the gipsies a' stanin' roon her O.

'It's you'll come back and back you'll come
It's you'll come back to me, my lady,
For I will neither eat nor drink
Or ye come back aside me O'.

'I winna come back, my ain guid lord
Nor will I come back aside ye,
For I've made a vow, and I will keep it true
For to follow the gypsy laddies O'.

Haven't ye gotten gold, love and haven't you gotten store
And haven't ye gotten treasures three.
And haven't ye gotten all that ye want
And three bonny boys to amuse ye wi?'

Oh yes my lord I have gotten gold and store
Oh yes I have gotten treasures three.
Oh yes I have gotten all that I want
And three bonny boys to amuse me wi'.

There is sixteen o' you, a' great men
And none o' you to ca' bonny O,
But ye shall all hanged be
For the stealin' awa' Lord Castles' lady O.

Last night I lay on a feather bed
And my great lord aside me O,
But this night I lie on a caul' open van
And the gypsies a' lyin' roon me O.

JOHNNY LAD

I bought a wife in Edinburgh
For a bawbee,
I got a farthing back again
Tae buy tobacco wi'.

Chorus:
And wi' you and wi' you
And wi' you Johnny Lad,
I'll dance the buckles off my shoon,
Wi' you, my Johnny Lad.

As I was walking early,
I chanced to see the Queen,
She was playing at the fitba'
Wi' the lads in Glasgow Green.

Chorus

The captain of the ither side
Was scoring wi' great style,
So the Queen she ca'd a polisman
And she clapped him in the jyle.

Chorus

Noo Samson was a michty man,
He focht wi' cuddies' jaws,
And he won a score o' battles
Wearing crimson flannel drawers.

Chorus

There was a man a' Nineveh
And he was wondrous wise,
He louped intae a bramble bush
And scratched oot baith his eyes.

Chorus

And when he saw his eyes wis oot
He wis gey troubled then
So he louped intae anither bush
And scratched them in again.

Chorus

Noo Johnny is a bonny lad,
He is a lad o' mine.
I've never had a better lad
And I've had twenty-nine

Chorus

ROTHESAY-O

Last Hogmanay, in Glesca' Fair,
Me an' mesel' and several mair,
All gaed off to hae a wee tair,
To spend the nicht in Rothesay, O.
We started off frae the Broomielaw,
Baith hail and sleet and rain and snaw,
Forty minutes after twa,
We got the length of Rothesay, O

Chorus:
A-durrum-a-doo-a-doo-a-day,
A-durrum-a-doo-a-daddy-O.
A-durrum-a-doo-a-doo-a-day,
The nicht we went to Rothesay, O.

A sodger lad named Ru'glen Will,
Wha's regiment's lyin' at Barra Hill,
Gaed off wi' a tanner to get a gill
In a public hoose in Rothesay-O.
Said he 'I think I'd like to sing'
Said I 'Yell no' dae sic a thing'
He said 'Clear the room and I'll mak' a ring
And I'll fecht them all in Rothesay, O.'

Chorus

In search of lodgins we did slide,
To find a place where we could bide:
There was eighty-twa o' us inside
In a single room in Rothesay, O.
We a' lay doon to tak' our ease,
When somebody happened for to sneeze.
And he wakened half a million fleas
In a single room in Rothesay, O.

Chorus

There were several different kinds of bugs,
Some had feet like dyer's clogs,
And they sat on the bed and they cockit their lugs.
And cried 'Hurrah for Rothesay, O!
'O noo', says I, 'we'll have to 'lope'
So we went and joined the Band O'Hope.
But the polis wouldna let us stop
Another nicht in Rothesay, O.

Chorus

THE BARNYARDS O' DELGATY

As I cam' in by Turra market,
Turra market for to fee.
I fell in wi' a farmer chiel,
The barnyards o' Delgaty.

Chorus:
Linten adie, toorin adie,
Linten adie, toorin ee
Linten lowrin, lowrin, lowrin.
The Barnyards o' Delgaty.

He promised me the ae best pair
I ever set my e'en upon;
When I gaed tae the Barnyards
There was naething there but skin and bone.

Chorus

The auld black horse sat on his rump
The auld white mare lay on her wime;
For a' that I could 'Hup' and crack,
They wouldna rise at yoking time.

Chorus

When I gaed to the kirk on Sunday,
Mony's the bonnie lass I see,
Sitting by her faither's side
And winking ower the pews at me.

Chorus

I can drink and no' be drunk
And I can fecht and no' be slain
I can lie wi' anither man's lass
And aye be welcome to my ain.

Chorus

My cannle noo it is brunt oot
The snotter's fairly on the wane;
Sae fare ye weel, ye Barnyards,
Yell never catch me here again.

Chorus

FAREWEEL TAE TARWATHIE

Fareweel tae Tarwathie, adieu, Mormond Hill,
And the dear land o' Crimond, I bid you fareweel.
I am bound now for Greenland and ready to sail,
In hopes to find riches a-hunting the whale.

Our ship is weel-rigged and ready to sail
Our crew they are anxious to follow the whale
Where the icebergs do float and the stormy winds blaw
And the land and the ocean are covered wi' snaw.

The cold coast o' Greenland is barren and bare,
No seed-time nor harvest is ever known there,
And the birds here sing sweetly on mountain and dale,
But there isna a birdie tae sing tae the whale.

There is no habitation for a man to live there.
And the king of that country is the wild Greenland bear,
And there'll be no temptation to tarry long there,
With our ship bumper-full we will homeward repair.

Repeat first verse

I LOVE A LASSIE

I love a lassie, a bonnie Hielan' lassie,
If ye saw her ye would fancy her as well.
I met her In September, popp'd the question in November,
So I'll soon be havin' her a' to masel'!
Her faither has consented, so I'm feelin' quite contented
'Cause I've been and sealed the bargain wi' a kiss.
I sit and weary, weary, when I think aboot ma deary,
An' you'll always hear me singing this:

Chorus:
'I love a lassie, a bonnie, bonnie lassie,
She's as pure as the lily in the dell,
She's as sweet as the heather,
The bonnie bloomin' heather,
Mary, ma Scotch Bluebell.'

I love a lassie, a bonnie Hielan' lassie,
She can warble like a blackbird in the dell.
She's an angel ev'ry Sunday, but a jolly lass on Monday;
She's as modest as her namesake the bluebell.
She's nice, she's neat, she's tidy,
And I meet her ev'ry Friday;
That's a special nicht, you bet, I never miss.
I'm enchanted, I'm enraptured,
Since ma heart the darlin' captur'd.
She's intoxicated me with bliss.

Chorus

I love a lassie, a bonnie Hielan' lassie,
I could sit and let her tease me for a week:
For the way she keeps behavin', well, I never pay for shavin
'Cause she rubs ma whiskers clean off with her cheek.
And underneath ma bonnet,
Where the hair was, there's none on it,
For the way she pats ma head has made me bald.
I ken she means no harm,
For she'll keep me nice and warm.
On the frosty nichts sae very cauld.

Chorus

HO-RO MY NUT-BROWN MAIDEN

Chorus:
Ho-ro my nut-brown maiden,
He -ree my nut-brown maiden,
Ho-ro. ro maiden, for she's the maid for me.

Her eyes so brightly beaming.
Her look so frank and free,
In waking and in dreaming
Is ever more with me

Chorus

O Mary, mild-eyed Mary.
By land or on the sea.
Though time and tide may vary.
My heart beats true to thee

Chorus

With thy fair face before me,
How sweetly flew the hour,
When all thy beauty o'er me
Came streaming in its power.

Chorus

The face with kindness glowing,
The face that hides no guile,
The light grace of thy going,
The witchcraft of thy smile!

Chorus

And when with blossoms laden
Bright summer comes again,
I'll fetch my nut-brown maiden
Down from the bonny glen.

Chorus

WEEL MAY THE KEEL ROW

O who is like my Johnnie,
So leish, so blythe, so bonnie?
He's foremost 'mong the many
Keel lads o' coaly Tyne.
He'll set or row so tightly,
Or in the dance so sprightly,
He'll cut and shuffle slightly,
Tis true, were he not mine.

Chorus
Weel may the keel row,
The keel row, the keel row.
Weel may the keel row,
That my laddie's in.

He has nae mair o' learning,
Than tells his weekly earning,
Yet right frae wrang discerning,
Though brave, nae bruiser he.
Though he's no worth a plack is.
His ain coat on his back is,
And nane can say that black is
The white o' Johnnie's e'e.

C boris

He wears a blue bonnet,
Blue bonnet, blue bonnet.
He wears a blue bonnet.
A dimple's in his chin.
As I cam' thro' Sandgate.
Thro' Sandgate, thro' Sandgate
As I cam' thro' Sandgate.
I heard a lassie sing.

Chorus

THE PIPER O' DUNDEE

The piper cam' tae oor toon,
Tae oor toon, tae oor toon,
The piper cam' tae oor toon,
And he played bonnilie.
He played a spring the laird tae please,
A spring brent new frae yont the seas,
And then he gled his bags a heeze,
And played anither key.

Chorus:
And wasna he a rogie,
A rogie, a rogie,
And wasna he a rogie,
The piper o' Dundee?

He played 'The welcome o'er the main',
And 'Ye'se be fou and I'se be fain',
And 'Auld Stuarts back again'
Wi' muckle mirth and glee.
He play'd 'The Kirk', he play'd 'The Queen',
'The Mullin Dhu', and 'Chevalier',
And 'Lang away, but welcome here',
Sae sweet, sae bonnily.
And wasna he etc.

It's some gat swords, and some gat nane,
And some were dancing mad their lane:
And mony a vow o' weir was ta'en,
That night at Amulrie.
There was Tullibardine and Burleigh,
And Struan, Keith and Ogilvie;
And brave Carnegie, wha but he,
The piper o' Dundee?
And wasna he etc.

THE GALLOWA' HILLS

Oh, I'll tak' my plaidie contented tae be,
A wee bittie kilted abune my knee,
An' I'll gie my pipes anither blaw,
An' I'll gang oot ower the hills tae Gallowa.'

Chorus:
Oh, the Gallowa' hills are covered wi' broom,
Wi' heather bells, in bonnie bloom.
Wi' heather bells an' rivers a',
An' I'll gang oot ower the hills tae Gallowa.'

For I say bonnie lassie it's will ye come wi' me
Tae share your lot in a strange country
For tae share your lot when doon fa's a'
An' I'll gang oot ower the hills tae Gallowa.'

Chorus

For I'll sell my rock, I'll sell my reel,
I'll sell my granny's spinning wheel
I will sell them a' when doon fa's a'
An' I'll gang oot ower the hills tae Gallowa.'

Chorus

A PAIR O' NICKY TAMS

Fan I was only ten years auld
I left the parish schweel,
My faither fee'd me tae The Mains
Tae chaw his milk and meal,
First I pit on my narrow breeks
Tae hap my spinnel trams
Syne buckled aroon my knappin' knees
A pair o' nicky tams.

First I gaed on for Baillie loon
And syne gaed on for third
And syne of course I had tae get
The horseman's grip an' word,
A loaf o' breid tae be my piece
An' a bottle for drinkin' drams,
Ye could nae gang through the calf house door
Wi' oot your nicky tams.

The fairmer I am wi' eynoo
He's wealthy but he's mean.
Though corn is cheap his horse is poor.
His harness fairly deen.
He gars us load our carts ower fou,
His conscience has nae qualms,
Fan breist straps break there's naethin' like
A pair of nicky tams.

I'm courtin' bonnie Annie noo,
Rob Tamson's kitchie deem,
She is five and forty
And I am seventeen.
She clorts a muckle piece tae me
Wi' different kinds o' jams,
And tells me ilka nicht how she
Admires my nicky tams.

I startit oot ae Sunday morn
The kirkie for tae gang
My collar it was unco tight,
My breeks were nane ower lang,
I had my Bible in my pooch.
Likewise my book o' Psalms,
When Annie roared: 'Ye muckle gowk!
Tak off your nicky tams!'

Though unco sweer I took them off.
The lassie for tae please
And syne of course, my breeks
They lirkit up aroon' my knees,
A wasp gaed crawlin' up my leg
In the middle o' the psalms
Oh never again will I ride the kirk
Wi' oot my nicky tams!

BARBARA ALLAN

It was in and about the Mart'mas time,
When the green leaves were a-fallin',
That Sir John Graeme, in the west country,
Fell in love wi' Barb'ra Allan.
He sent his man down thro' the town,
To the place where she was dwallin';
'O, haste and come to my master dear,
Gin ye be Barb'ra Allan.'

O, hooly, hooly, rase she up,
To the place where he was lyin',
And when she drew the curtain by —
'Young man, I think ye're dyin'.'
'It's oh, I'm sick, I'm very sick,
And it's a' for Barbara Allan'
'O the better for me ye'se never be,
Though your heart's blude were a-spillin'.'

'O, dinna ye mind, young man,' she said
'When the red wine ye were fillin',
That ye made the healths gae round and round,
And slichtit Barb'ra Allan!'
He turn'd his face unto the wa',
And death was with him dealin';
'Adieu, adieu, my dear friends a',
And be kind to Barb'ra Allan.'

And slowly, slowly rase she up
And slowly, slowly left him
And sighin', said, she could not stay
Since death of life had reft him,
She hadna gane a mile but twa,
When she heard the deid-bell knellin'
And every jow the deid-bell gi'ed,
It cried, 'Wae to Barb'ra Allan.'

(as second part of the tune)
'Oh mother, mother, mak' my bed,
And mak' it saft and narrow;
Since my love died for me today,
I'll die for him tomorrow.

THE TWA CORBIES

As I was walking a' alane,
I heard twa corbies makin' a mane.
The tane untae the tither did say,
'Whaur sall we gang and dine the day, O.
Whaur sall we gang and dine the day?'

'It's in ahint yon auld fail dyke
I wot there lies a new slain knight;
And naebody kens that he lies there
But his hawk and his hound, and his lady fair, O.
But his hawk and his hound, and his lady fair.

'His hound is to the hunting gane
His hawk to fetch the wild-fowl hame,
His lady ta'en anither mate,
So we may mak' our dinner swate, O.
So we may mak' our dinner swate.

Ye'll sit on his white hause-bane,
And I'll pike oot his bonny blue e'en
Wi' ae lock o' his gowden hair
We'll theek oor nest when it grows bare, O.
We'll theek oor nest when it grows bare.

There's mony a ane for him maks mane
But nane sail ken whaur he is gane
O'er his white banes when they are bare
The wind sall blaw for evermair, O.
The wind sall blaw for evermair.'

A MAN'S A MAN
FOR ALL THAT

Is there for honest Poverty
That hangs his head, and a' that?
The coward-slave, we pass him by,
We daur be poor for a' that!
For a' that, an' a' that,
Our toils obscure, and a' that?
The rank is but the guinea's stamp,
The Man's the gowd for a' that!

What though on hamely fare we dine,
Wear hoddin grey, an a' that?
Gie fools their silks, and knaves their wine,
A man's a man for a' that.
For a' that, an' a' that,
Their tinsel show, an' a' that,
The honest man, tho' e'er sae poor,
Is king o' men for a' that.

Ye see yon birkie ca'd a lord,
Wha struts, an' stares, an' a' that:
Tho' hundreds worship at his word,
He's but a coof for a' that.
For a' that, an' a' that,
His ribband, star, an' a' that,
The man of independent mind
He looks an' laughs at a' that.

A prince can mak a belted knight,
A marquis, duke, an' a' that:
But an honest man's aboon his might,
Gude faith, he maunna fa' that!
For a' that, an' a' that,
Their dignities an' a' that,
The pith o' sense, an' pride o' worth,
Are higher rank than a' that.

Then let us pray that come it may,
(As come it will for a' that)
That Sense and Worth, o'er a' the earth,
Shall bear the gree, an' a' that.
For a' that, an' a' that,
It's coming yet for a' that,
That man to man, the world o'er,
Shall brithers be for a' that.

I'M A ROVER

I'm a rover and seldom sober,
I'm a rover o' high degree;
It's when I'm drinking I'm always thinking
How to gain my love's company.

Though the night be as dark as dungeon,
No' a star to be seen above,
I will be guided without a stumble
Into the aims o' my am true love.

He steppit up to her bedroom window,
Kneelin' gently upon a stone,
He rappit at her bedroom window:
'Darlin' dear, do you lie alone?'

She raised her head on her snaw white pullow,
Wi' her airms aboot her breast,
'Wha' is that at my bedroom window,
Disturbing me at my lang night's rest?'

'It's only me, your ain true lover,
Open the door and let me in,
For I hae come on a lang journey
And I'm near drenched unto the skin.'

She opened the door wi' the greatest pleasure,
She opened the door and she let him in.
They baith shook hands and embraced each other,
Until the morning they lay as one.

The cocks were crawin', the birds were whistlin',
The burns they ran free abune the brae:
'Remember lass, I'm a ploughman laddie
And the fairmer I must obey.'

'Noo ma love, I must go and leave you',
Tae climb the hills, they are far above;
But I will climb them wi' the greatest pleasure,
Since I've been in the airms o' ma love.'

TURN YE TO ME

The stars are shining cheerily, cheerily.
Ho ro Mhairi dhu, turn ye to me.
The sea mew is moaning drearily, drearily,
Ho ro Mhairi dhu, turn ye to me.
Cold is the storm-wind that ruffles his breast.
But warm are the downy plumes lining his nest.
Cold blows the storm there, soft falls the snow there
Ho ro Mhairi dhu, turn ye to me.

The waves are dancing merrily, merrily,
Ho ro Mhairi dhu, turn ye to me.
The sea birds are wailing. wearily, wearily,
Ho ro Mhairi dhu, turn ye to me.
Hushed by the moaning, lone bird of the sea,
Thy home on the rocks is a shelter to thee.
Thy home is the angry wave, mine but the lonely grave,
Ho ro Mhairi dhu, turn ye to me.

TO THE WEAVER'S GIN YE GO

My heart was ance as blythe and free,
As simmer days were lang,
But a bonnie westlin weaver lad
Has gart me change my sang.

Chorus:
To the weavers gin ye go, fair maids,
To the weavers gin ye go,
I rede ye richt, gang ne'er at nicht,
To the weavers gin ye go.

A bonnie, westlin weaver lad
Sat working at his loom;
He took my heart as wi' a net,
In every knot and thrum.

Chorus

I sat beside my warpin-wheel,
And aye I ca'd it roun';
But every shot and every knock,
My heart it gae a stoun.

Chorus

The moon was sinking in the west,
Wi' visage pale and wan,
And my bonnie, westlin weaver lad
Convoy'd me thro' the glen.

Chorus

But what was said, or what was done,
Shame fa' me gin I tell:
But Oh! I fear the kintra soon
Will ken as weel's mysel!

Chorus

MAIDS WHEN YOU'RE YOUNG

An old man came a courting me.
Hey ding a doorum down
An old man came a courting me,
Hey doorum down.
An old man came a courting me,
Fain he would marry me,
Maids, when you're young.
Never wed an auld man.

Chorus:
For they've got no fal-loorum,
Fal-liddle fal-loorum,
They've got no fal-loorum,
Fal-liddle all day.
They've got no fal-loorum.
They've lost their ding-doorum.
So, maids, when you're young,
Never wed an auld man.

Now, when we went to church,
Hey ding a doorum down
Now, when we went to church,
Hey doorum down
When we went to church,
He left me in the lurch
Maids when you're young.
Never wed an auld man.

Chorus

Now, when we went to bed,
Hey ding a doorum down
Now, when we went to bed,
Hey doorum down
Now, when we went to bed,
He lay like he was dead
Maids, when you're young,
Never wed an auld man.

Chorus

Now, when he went to sleep,
Hey ding a doorum down
Now, when he went to sleep,
Hey doorum down
Now, when he went to sleep,
Out of bed I did creep
Into the arms
Of a jolly young man.

Last Chorus:
And I found his fal-looral.
Fal-liddle, fal-looral.
I found his fal-looral,
Fal-diddle all day.
I found his fal-loorum
And he got my ding-doorum
So maids when you're young,
Never wed an auld man.

HENRY MARTIN

There were three brothers in merry Scotland,
In Scotland there lived brothers three,
And they did cast lots which of them should go
  should go, should go,
For to turn robber all on the salt sea.

The lot it fell upon Henry Martin,
The youngest of all the three,
That he should turn robber all on the salt sea,
  salt sea, salt sea,
For to maintain his two brothers and he.

He had not been sailing but a long winter's night,
And part of a short winter's day,
When he espied a lofty stout ship,
  stout ship, stout ship,
Come a-bibing down on him straightway.

'Hello, hello', cried Henry Martin,
'What makes you sail so high?'
'I'm a rich merchant ship bound for fair London Town
  London Town, London Town,
Will you please for to let me pass by?'

'O no, O no', cried Henry Martin,
That thing it never can be,
For I have turned robber all on the salt sea,
  salt sea, salt sea,
For to maintain my two brothers and me'.

So lower your topsail and brail up your mizzen,
Bow yourselves under my lee,
Or I shall give you a fast flowing ball,
  flowing ball, flowing ball,
And your dear bodies drown in the salt sea.

With broadside and broadside and at it they went
For fully two hours or three,
Till Henry Martin gave to her the death shot
  the death shot, the death shot.
Heavily listing to starboard went she.

The rich merchant vessel was wounded full sore.
Straight to the bottom went she,
And Henry Martin sailed away on the sea.
  salt sea, salt sea,
For to maintain his two brothers and he.

Bad new, bad news, to old England came
Bad news to fair London Town,
There was a rich vessel and she's cast away,
  cast away, cast away.
And all of her merry men drowned.

O CAN YE SEW CUSHIONS?

O, can ye sew cushions? And can ye sew sheets?
And can ye sing bal-loo loo when the bairn greets?
And hee and haw birdie, and hee and haw lamb,
And hee and haw birdie, my bonnie wee lamb.

Chorus:
Hee-o, wee-o, what wou'd I do wi' you?
Black's the life that I lead wi' you;
Mony o' ye, little for to gie you,
Hee-o, wee-o what wou'd I do wi' you?

I biggit the cradle upon the treetop,
And aye as the wind blew, my cradle did rock.
And hush a baw baby, O ba lil li loo,
And hee and baw, birdie, my bonnie wee doo.

Chorus

Now hush a baw lammie, and hush a baw dear,
Now hush a baw lammie, thy minnie is here.
The wild wind is ravin', thy minnie's heart sair,
The wild wind is ravin', but ye dinna care.

Chorus

Sing bal la loo lammie, sing bal la loo dear,
Does wee lammie ken that its daddie's no here?
Ye're rockin' fu' sweetly on mammie's warm knee,
But daddie's a rockin' upon the saut sea.

Chorus

CAM' YE O'ER FRAE FRANCE?

Cam' ye o'er frae France? Cam' ye doon by Lunnon?
Saw ye Geordie Whelps and his bonnie woman?
Were ye at the place ca'd the Kittle Hoosie?
Saw ye Geordie's grace, riding on a goosie?

Geordie he's a man, there is little doubt o't,
He's done a' he can, wha' can do without it?
Down there came a blade, linkin like my lordie;
He wad drive a trade, at the loom o' Geordie.

Though the claith were bad, blithely may we niffer:
Gin we get a wab, it makes little differ.
We hae tint our plaid, bonnet, belt and swordie,
Ha's and mailins braid - but we hae a Geordie!

Jocky's gane to France, and Montgomery's lady:
There they'll learn to dance: Madam are you ready?
They'll be back belyve, belted, brisk and lordly:
Brawly may they thrive, to dance a jig wi' Geordie!

Hey for Sandy Don!, Hey for Cockalorum!
Hey for Bobbing John, and his Highland quorum!
Mony a sword and lance, swings at Highland hurdie:
How they'll skelp and dance, o'er the bum o' Geordie!

JOCK STEWART

Now my name is Jock Stewart,
I'm a canny gaun man,
And a roving young fellow I've been.

Chorus:
So be easy and free,
When you're drinkin' wi' me,
I'm a man you don't meet every day.

Chorus

I have acres of land,
I have men at command,
I have always a shilling to spare.

Chorus

Now, I took out my gun,
With my dog for to shoot
Along by the banks of the Spey.

Chorus

So, come fill up your glasses
Of brandy and wine,
And whatever the cost, I will pay.

Chorus

I AINCE LO'ED A LASS

I aince lo'ed a lass an I lo'ed her sae weel,
I hated a' ithers that spoke o' her ill.
But noo she's rewarded me weel for my love,
For she's gone tae be wed tae anither.

When I saw my love tae the kirk go
Wi' bride and bride maidens she made a fine show
And I followed on wi' a hairt fu' o' woe
For she's gone tae be wed tae anither.

When I saw my love sit doon tae dine
I sat doon beside her and poured oot the wine
And I drank tae the lassie that should hae been mine
But she's gone tae be 'wed tae anither.

The men o' yon forest they askit o' me
'How many strawberries grow in the saut sea?'
I answered them back wi' a tear in my e'e
'How many ships sail in the forest'?'

O dig me a grave and dig it sae deep
And cover it owre wi' flooers sae sweet
And I will lie doon there and tak' a lang sleep.
And maybe in time I'll forget her.

TAE THE BEGGIN' I WILL GO

O' a' the trades that man can try,
The beggin' is the best,
For when a man gets wearied
He can aye sit doon an' rest.
Tae the beggin' I will go, will go, tae the beggin' I will go.

Before that I do gang awa',
I'll lat my beard grow lang,
An' for my nails I winna pare,
For beggars wears them lang.
Tae the beggin' I will go, will go, tae the beggin' I will go.

I'll gang to some greasy cook,
An' buy an auld hat,
Wi' twa-three inches o' a rim,
An' glittering o'er wi' fat,
Tae the beggin' I will go, will go, tae the beggin' I will go.

I'll gang and seek my quarters,
Afore that it grows dark,
Jist when the guidman comes,
In frae his wark,
Tae the beggin' I will go, will go, tae the beggin' I will go.

Maybe the guidman will say:
'Puir man, come inby,
We'll a' sit close thegither,
It's been a caul' day,'
Tae the beggin' I will go, will go, tae the beggin' I will go.

Then I'll take out my muckle dish,
An' tramp it full o' meal —
Gin ye gie me bree, guidwife.
I winna seek your kale,
Tae the beggin' I will go, will go, tae the beggin' I will go.

Maybe the guidwife will say:
'Keep in yer pickle meal,
Ye're welcome to yer quarters,
Likewise yer brose and kail,
Tae the beggin' I will go, will go, tae the beggin' I will go.

Gin a marriage ever chance,
It happen to be here,
I will lay my blessing,
On that happy pair,
Tae the beggin' I will go, will go, tae the beggin' I will go.

Some will gie me bread and beef,
Some will gie me cheese,
An' oot among the marriage folk,
I'll gather the bawbees,
Tae the beggin' I will go, will go, tae the beggin' I will go.

Gin I come on as I do think,
I'll come back and tell;
An' gin I dinna dae that,
I'll keep it to mysel'.
Tae the beggin' I will go, will go, tae the beggin' I will go.

WILL YE GANG LOVE

My love he stands in yon chaumer door,
Combing doon his yellow hair,
His curly locks, I like to see,
I wonder if my love minds on me.

Chorus:
Will ye gang, love, an' leave me noo?
Will ye gang, love, an' leave me noo?
Will ye forsake your am love true,
An' gang wi' a lass ye never knew?

I wish, I wish, I wish in vain
I wish I were a maid again
But a maid again I never will be
Till an apple grows on an orange tree.

Chorus

I wish, I wish my babe was born
I wish it sat on his daddy's knee
An' I mysel' were deid an' gone
An' the wavin' grass all o'er me growin'.

Chorus

As lang as my apron did bide doon
He followed me frae toon tae toon
But noo it's up above ma knee
My love gaes by but he kens na me.

Chorus

Mak' my grave baith lang and deep
Put a bunch of roses at my head and feet,
And in the middle put a turtle dove,
Let the people know I died of love.

THE BANKS O' RED ROSES

When I was a wee thing and easy led astray,
Before I would work I would raither sport and play.
Before I would work I would raither sport and play,
Wi' my Johnnie on the banks o' red roses.

On the banks o' red roses my love and I sat down,
He took out his tuning—box to play his love a tune.
In the middle o' the tune, his love broke down and cried.
'Oh, my Johnnie, oh my Johnnie dinna leave me.'

He took out his pocket knife, and it was long and sharp.
And he pierced it through and through his bonnie
  lassie's heart,
And he pierced it through his bonnie lassie's heart.
And he left her lying low amang the roses.

PLOOMAN LADDIES

Doon yonder den there's a plooman lad,
An' sime simmer's day he'll be a' my ain.

Chorus:
An' sing laddie O, an' sing laddie aye,
The plooman laddies are a' the go.

I love his teeth an' I love his skin —
I love the verra cairt he hurls in.

Chorus

Doon yonder den I coulda gotten a merchant,
But a' his stuff wisna worth a groat.

Chorus

Doon yonder den I coulda gotten a miller,
But the smell o' dust widda deen me ill.

Chorus

It's ilka time I gyang tae the stack,
I hear his whip gie an ither crack.

Chorus

I see him comm' frae yonder toon,
Wi' a' his ribbons hinging' roon an' roon.

Chorus

An' noo she's gotten her plooman lad,
As bare as ever he left the ploo.

Chorus

GREEN GROW THE RASHES, O

There's nought but care on ev'ry han',
In ev'ry hour that passes. O!
What signifies the life o' man'
An' 'twere na' for the lasses, O?

Chorus:
Green grow the rashes, O!
Green grow the rashes, O!
The sweetest hours that e'er I spend
Are spent among the lasses, O!

The war'ly race may riches chase,
An' riches still may fly them, O:
Art' tho' at last they catch them fast,
Their hearts can ne'er enjoy them, O.

Chorus

But gie me a cannie hour at e'en,
My arms about my deane, O;
An' war'ly cares, an' war'ly men,
May a' gae tapsalteerie, O!

Chorus

For you sae douce, ye sneer at this;
Ye're nought but senseless asses, O:
The wisest man the warl' e'er saw,
He dearly lov'd the lasses, O.

Chorus

Auld Nature swears, the lovely dears
Her noblest work she classes, O:
Her prentice han' she try'd on man,
An' then she made the lasses, O.

Chorus

MY LOVE,
SHE'S BUT A LASSIE YET

Chorus:
My love she's but a lassie yet,
My love she's but a lassie yet,
We'll let her stand a year or twa,
She'll no be half sae saucy yet.

I rue the day I sought her, O,
I rue the day I sought her, O.
Wha gets her needs na say she's woo'd.
But he may say he's bought her, O!

Chorus

Come draw a drap o' the best o't yet,
Come draw a drap o' the best o't yet,
Gae seek for pleasure whare you will.
But here I never miss'd it yet.

Chorus

We're a' dry wi' drinkin o't,
We're a' dry wi' drinkin o't:
The minister kiss'd the fiddler's wife:
He could na preach for thinkin o't.

Chorus

THE SCOTTISH
EMIGRANT'S FAREWEEL

Fareweel, fareweel, my native hame,
Thy lonely glens an' heath-clad mountains,
Fareweel, thy fields o' storied fame,
Thy leafy shaws an' sparklin' fountains.
Nae mair I'll climb the Pentlands steep,
Nor wander by the Esk's clear river:
I seek a hame far o'er the deep,
My native land, fareweel forever.

Thou land wi' love an' freedom crowned—
In ilk wee cot an' lordly dwellin'
May manly-hearted youths be found,
And maids in ev'ry grace excellin'—
The land where Bruce and Wallace wight
For freedom fought in days o' danger,
Ne'er crouch'd to proud usurpin' might,
But foremost stood, wrong's stern avenger.

Tho' far frae thee, my native shore,
An' toss'd on life's tempestuous ocean:
My heart, aye Scottish to the core,
Shall cling to thee wi' warm devotion.
An' while the wavin' heather grows,
An' onward rows the winding river,
The toast be 'Scotland's broomy knowes,
Her mountains, rocks, an' glens for ever!'

THE DEIL'S AWA
WI' THE EXCISEMAN

The deil cam' fiddlin' thro' the toon.
And danced awa' wi' th' Exciseman,
And ilka auld wife cried 'Auld Mahoun,
We wish ye luck o' the prize, man.

Chorus:
The deil's awa'. the deil's awa'.
The deils' awa' wi' th' Exciseman.
He's danced awa', he's danced awa',
He's danced awa' wi' th' Exciseman.

We'll mak our maut, and we'll brew our drink,
We'll laugh. sing, and rejoice, man,
And mony braw thanks to the meikle black deil.
That danc'd awa wi' th' Exciseman.

Chorus

There's threesome reels, there's foursome reels,
There's hornpipes and strathspeys, man,
But the ae best dance ere came to the land
Was 'The deil's awa wi' th' Exciseman.'

Chorus

FOULE FRIDAY

See him walkin' doon the street,
Gymanasties on his feet,
Pickin' up tabbies whit a shame,
Foule Friday is his name,
Daddy-o, daddy-o.

He came from sunny Italy,
Way back in 1893,
Landed here in Aiberdeen,
The very first man tae mak ice-cream,
Daddy-o, daddy-o.

Whin he gings roon tae the aul toon
A' the bairnies gither roon.
He sells them cappies-up-a-kye,
But there's neething inside, he's nae half fly.
Daddy-o, daddy-o.

On a Friday he'll be seen,
Wi' his barra on the green,
Rats and mice aboot his hoose,
He chaps them up tae mak his juice.
Daddy-o, daddy-o.

Whin winter comes wi' its caul and chill,
You will find him in School Hill,
Whit is good for your guts?
Foule Friday's roasted chestnuts.
Daddy-o, daddy-o.

But there's loons in langers and big quines,
Mak him lose his rag at times,
Because they think it is great fun
Chuckin' sna' ba's doon his lum.
Daddy-o, daddy-o.

And whin he comes tae the end of his day.
He'll homeward wend his weary way
He'll take aff his sweaty socks,
Climb into his flechy box.
Daddy-o, daddy-o.

He's nae been seen this mony a day,
Whaur he's gone there's nane can say
But I'll tell you this, if he's gone up there,
He's selling ice-cream tae the angel choir.
Daddy-o, daddy-o.

BOGIE'S BONNIE BELLE

Ae Whitsunday in Huntly toon,
It's there I did agree,
Wi' Bogie Car O' Carnie
A six months for tae fee;
To work his twa best horses,
Likewise his cairt and ploo,
An' tae dae a' thing a' boot farm work
That right weel I can do.

Noo Bogie had a daughter
Wha's name was Isabel
The flower o' her nation,
There's nane her could excel.
She had rosy cheeks and ruby lips
And hair o' darkish hue,
She was neat, complete and handsome,
And comely for to view.

One day she went a-rambling
And chose me for her guide
Tae tak' a pleasant walk wi' her
Along by Carnie side.
I slipped my airm aboot her waist
An' tae the ground did slide,
An' it's there I had my first braw nicht
Wi' the Belle o' Bogieside.

Ere twenty weeks had passed and gone
This lassie lost her bloom,
Her rosy cheeks grew pale and wan
And she began to swoon.
Ere forty weeks had passed and gone
This lass brought forth a son,
And I was quickly sent for,
Tae see what could be done.

Aul' Bogie heard the story
And cried 'I am undone.
Since ye've beguiled my dochter,
My sorrows are begun.
I said, 'Aul man, ye're fairly richt,'
And hung my heid wi' shame,
'I'll marry Belle the mornin''
And gie the bairn my name.

But though I'd said I'd wed the lass,
Oh no that widnae dee
'Ye're nae a fittin' match for Belle,
Nor she a match for thee.'
He sent me packin' doon the road,
Wi' nae a penny o' my fee.
Sae a' ye lads o' Huntly toon
A lang fareweel tae ye.

But noo she's married a tinker lad,
Wha's name is Soutar John;
He hawks his pans an' ladles
Aroon by Foggie Loan.
An' maybe she's gotten a better match,
Aul' Bogie canna tell,
But it's me wha's ta'en the maiden hood
O' Bogie s Bonnie Belle.

VAN DIEMAN'S LAND

Come all ye gallant poachers
That ramble void of care,
That walk oot on a moonlit night
Wi' your dog, your gun and snare.
The harmless hare and pheasant
You have at your command,
Not thinkin' on your last career
Upon Van Dieman's Land.

Twas poor Tom Brown from Glasgow,
Jack Williams and poor Joe,
We were three daring poachers
The country well did know:
At night we were trepanned
By the keepers in the sand,
And for fourteen years transported
Unto Van Dieman's Land.

The first day that we landed
Upon this fatal shore
The planters that came round us.
Full twenty score or more,
They rank'd us up like horses,
And sold us out of hand,
And yok'd us to the ploughs, my boys,
To plough Van Dieman's land.

The houses that we dwell in here
Are built of clod and clay:
With rotten straw for bedding,
We dare not say them nay:
Our cots are fenced with wire,
And we slumber when we can,
And we fight the wolves and tigers
Which infest Van Dieman's land.

There cam' a lass from sweet Dundee,
Jean Stewart it was her name,
For fourteen years transported,
As you may know the same.
Our captain bought her freedom,
And married her off-hand,
And she gives us a good usage here,
Upon Van Dieman's land.

Although the poor of Scotland
Do labour and do toil,
They're robbed of every blessing
And produce of the soil:
Your proud imperious landlords,
If we break their command,
They'll send you to the British hulks.
Or to Van Dieman's land.

YE JACOBITES BY NAME

Ye Jacobites by name, give an ear, give an ear.
Ye Jacobites by name, give an ear:
Ye Jacobites by name, your fautes I will proclaim,
Your doctrines I maun blame,
You shall hear, you shall hear,
Your doctrines I maun blame, you shall hear.

What is right and what is wrong, by the law, by the law?
What is right and what is wrong, by the law?
What is right and what is wrong,
A short sword and a long,
A weak arm and a strong for to draw, for to draw,
A weak arm and a strong for to draw.

What makes heroic strife famed afar, famed afar?
What makes heroic strife famed afar?
What makes heroic strife,
To whet the assassin's knife?
Or hunt a parent's life wi' bloody war, bloody war,
Or hunt a parent's life wi' bloody war?

Then leave your schemes alone in the state, in the state.
Then leave your schemes alone in the state.
Then leave your schemes alone,
Adore the rising sun,
And leave a man alone to his fate, to his fate,
And leave a man alone to his fate.

RATTLIN', ROARIN' WILLIE

O, rattlin' roarin' Willie, O,
He held to the fair,
An' for to sell his fiddle,
An' buy some other ware:
But parting wi' his fiddle,
The saut tear blint his e'e,
And rattlin' roarin' Willie.
Ye're welcome hame to me.

'O Willie, come sell your fiddle,
O, sell your fiddle sae fine!
O Willie, come sell your fiddle,
And buy a pint o' wine!'
'If I should sell my fiddle.
The warld would think I was mad:
For monie a rantin day
My fiddle and I hae had.'

As I cam by Crochallan,
I cannilie keekit ben;
Rattlin', roarin' Willie
Was sittin at yon boord-en':
Sittin at yon boord-en',
And amang gude company:
Rattlin', roarin' Willie,
Ye're welcome hame to me!

THE WARK O' THE WEAVERS

We're a' met thegither here
Tae sit an' tae crack.
Wi' oor glesses in oor hands.
An' oor wark upon oor back:
For there's no' a trade among them a
Can either mend or mak',
Gin it wasna for the wark o' the weavers

Chorus:
If it wasna for the weavers what wad they do'?
They wadna hae claith made oot o' oor woo'.
They wadna hae a coat neither black nor blue,
Gin it wasna for the wark o' the weavers

There's some folk independent
O' ither tradesmen's wark
For women need nae barber
An' dykers need nae clerk:
But there's no ane o' them
But needs a coat an' a sark,
Na, they canna want the wark o' the weavers.

Chorus

There's smiths and there's wrights
And there's mason chiels an a',
There's doctors an' there's meenisters
An' them that live by law,
An' oor freens that bide oot ower the sea
In Sooth America.
An' they a' need the wark o' the weavers.

Chorus

Oor sodgers an' oor sailors,
Od, we mak' them a' bauld
For gin they hadna claes.
Faith they couldna fecht for cauld:
The high an' low, the rich an' puir' -
A' body young an' auld,
They a' need the wark o' the weavers.

Chorus

So the weavin' is a trade
That never can fail
Sae lang's we need ae cloot
Tae haud anither hale.
Sae let us a' be merry
Ower a bicker o' guid ale,
An' drink tae the health o' the weavers.

Chorus

BUY BROOM BESOMS

I maun hae a wife, whatsoe'er she be,
An she be a woman, that's enough for me.

Chorus:
Buy broom besoms! Wha will buy them now?
Fine heather ringers, better never grew.

If that she be bony. I shall think her right;
If that she be ugly, where's the odds at night?

O, an she be young, how happy shall I be?
If that she be auld, the sooner she will dee.

If that she be fruitfu', O! what joy is there!
If she should be barren, less will be my care.

Be she green or grey: be she black or fair;
Let her be a woman, I shall seek nae mair.

If she like a drappie, she and I'll agree:
If she dinna like it, there's the mair for me.

AULD LANG SYNE

Should auld acquaintance be forgot,
And never brought to mind'?
Should auld acquaintance be forgot
And auld lang syne?

Chorus:
For auld lang syne, my dear,
For auld lang syne,
We'll tak a cup o' kindness yet
For auld lang syne.

And surely ye'll be your pint-stowp!
And surely I'll be mine!
And we'll tak' a cup o' kindness yet.
For auld lang syne

Chorus

We twa hae run about the braes,
And pu'd the gowans fine:
But we've wander'd mony a weary fit
Sin' auld lang syne.
Chorus

We twa hae paidl'd in the burn,
Frae morning sun till dine;
But seas between us braid hae roar'd
Sin' auld lang syne.

Chorus

And there's a hand, my trusty fere!
And gie's a hand o' thine!
And we'll tak' a right gude willie-waught,
For auld lang syne.

Chorus

INDEX